Inhalt

Kindertageseinrichtung wird in dieser Publikation mit Kita abgekürzt.

In dieses Heft sind Impulse und Empfehlungen von Kolleginnen und Kollegen
aus der Evangelisch-Lutherischen Landeskirche Sachsen (Kai Schmerschneider),
der Evangelisch-Lutherischen Kirche in Bayern (Susanne Menzke)
und der Evangelischen Kirche in Mitteldeutschland (Ingrid Piontek und Dorothee Schneider)
eingeflossen.

Wege miteinander und zueinander
Vernetzung und Kooperation von Kita und Kirchengemeinde

Foto: Susanne Schmich_pixelio.de

▸ **Was erwarten Mitarbeitende einer ev. Kita von der Kirchengemeinde vor Ort?**
▸ **Wie nehmen sie Kirchengemeinde wahr?**
▸ **Welche Wünsche hat die Kirchengemeinde an die ev. Kita am Ort?**
▸ **Wie reagiert die Kita auf Angebote der Kirchengemeinde?**
▸ **Wie wird deutlich, dass die kirchliche Kita Teil der Kirchengemeinde ist**
  und zugleich einen eigenständigen Aufgabenbereich hat?

Das sind einige der Fragen, mit denen sich die Autorinnen in der Praxis immer wieder beschäftigt haben. Ein Ziel dieser Arbeitshilfe besteht deshalb darin, die Chancen einer guten Zusammenarbeit zwischen Kita und Kirchengemeinde aufzuzeigen, Grundlagen für ein fruchtbares Miteinander in der religionspädagogischen Arbeit bewusst zu machen und Impulse für die Praxis zu geben. Bewusst verzichten wir auf die Darstellung konkreter Projekte der Zusammenarbeit, weil jede Kooperation individuell gestaltet wird, je nach Bedürfnissen und Möglichkeiten vor Ort. Stattdessen geben wir Ihnen Anregungen auch in Form von Praxisbausteinen an die Hand, mit denen Sie die für die Kooperation wichtige Kommunikation weiterentwickeln können. Sowohl Kita als auch Kirchengemeinde werden von intensivierten Kontakten profitieren, wichtige Anstöße für die Erfüllung der eigenen Aufgaben erhalten und sich gegenseitig stärken und entlasten.

Chancen der Zusammenarbeit

▸ Wahrnehmung von Kindern und ihren Familien in der jeweiligen spezifischen Situation
▸ Dialog über die Kerngemeinde und über die Kita hinaus
▸ Impulse aus der Kirchengemeinde
▸ Einfluss auf das Leitbild der Gemeinde, Inhalte und Formen des Gemeindelebens

▸ Einfluss auf das Leitbild der Kindertageseinrichtung
▸ gemeinsame Projekte (z.B. Bildungsangebote, Feste, Gottesdienst)
▸ gemeinsame gesellschaftliche Verantwortung

1 siehe EKD-Studie „Zwischen Autonomie und Angewiesenheit: Familie als verlässliche Gemeinschaft stärken", Gütersloh 2013

Das Recht des Kindes auf Religion, der Bildungsauftrag der Kindertageseinrichtungen und das Interesse der Kirchengemeinden an der Situation und den Bedürfnissen von Familien in ihren unterschiedlichen Lebensformen sprechen für eine Vernetzung von Kirchengemeinde und Kita[1]. Es mag erstaunen, dass wir von Zusammenarbeit und Vernetzung von Kirchengemeinde und Kita sprechen, ist doch eine evangelische Kita Teil der Kirchengemeinde. Diese Einsicht entbindet jedoch nicht von der Aufgabe, die Beziehung bewusst zu gestalten. Dabei geht es darum, das besondere Handlungsfeld und den eigenständigen Bildungsauftrag der Kita zu berücksichtigen. So ist es uns wichtig, Unterschiede und Gemeinsamkeiten der Arbeitsfelder Kita und Kirchengemeinde aufzuzeigen. Eigene Aufgabenschwerpunkte zu benennen, hilft, gemeinsame Aufgaben wahrzunehmen.

Wenn die Kirchengemeinde die Kita und damit Familien in ihrem Lebensalltag im Blick hat

▸ verändert es das Leitbild und die Veranstaltungen der Kirchengemeinde,
▸ stärkt es die diakonische und religionspädagogische Arbeit in der Kita.

Die Kita ist ein ganztägiger Lebensort für Kinder

Die Kita hat einen eigenständigen Bildungs-, Erziehungs- und Betreuungsauftrag. Evangelische Kirchengemeinden/Trägerverbünde und Diakonische Werke haben als Träger die Aufgabe vom Staat übernommen, eine Kita zu betreiben und verantworten damit eine öffentliche Aufgabe. Die Kitas stehen allen Kindern offen. Hier begegnen sich Menschen mit unterschiedlichen kulturellen und religiösen Prägungen.
Kinder und pädagogische Mitarbeitende gestalten miteinander den Kita-Tag. Diakonisches Handeln und religiöse Bildung sind im Alltag miteinander verbunden.

Die Kirchengemeinde ist veranstaltungsorientiert

Im Allgemeinen kommen Menschen in ihrer Freizeit in die Gemeinde. Sie lassen das Alltägliche gewissermaßen hinter sich und finden geistliche Stärkung in verschiedenen Veranstaltungen (Kindergruppe, Chor, Gottesdienst …). Fragen nach der Lebensgestaltung werden thematisiert.
Das diakonische Handeln ist bisweilen an professionelle Einrichtungen abgegeben. Es wird immer wieder von einer Entdiakonisierung gesprochen. Doch ist diakonisches Handeln unverzichtbarer Bestandteil kirchlicher Praxis. Kirche und Diakonie bleiben aufeinander bezogen.

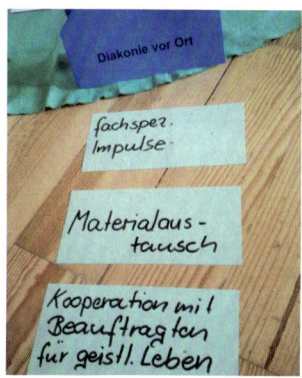

▸▸ Chancen

Kitas können Kirchengemeinden darauf aufmerksam machen, hellhörig zu sein, wenn es um die Lebensgestaltung von Familien und um verschiedene Lebensformen geht. Diakonisches Handeln ist aus evangelischer Sicht die Schnittstelle zwischen gelebter Verkündigung und sozialer Arbeit. Kirchengemeinden können vorleben, wie gut es ist, dass es Zeiten gibt, in denen der Alltag unterbrochen wird, um das Leben zu feiern und dafür zu danken.

Die Kita ist ein Ort, an dem Menschen aus verschiedenen sozialen Gruppen und religiösen Prägungen zusammen treffen

Eltern wählen die Kita auch hinsichtlich der Nähe zum Wohnort oder Arbeitsplatz aus. So treffen Familien aus verschiedenen sozialen Lebensformen und religiösen Prägungen in einer Kita zusammen.
Ein Beispiel: In einem evangelischen Kindergarten in Bremen gehören 30% der Familien einer christlichen Konfession an, 30% sind muslimisch geprägt und ca. 40% geben an, keiner Religion anzugehören. Durch die Kinder sind die verschiedenen Lebensweisen ihrer Elternhäuser präsent.

Kirchengemeinde und die verschiedenen sozialen Gruppen

Das Veranstaltungsangebot einer Kirchengemeinde ist überwiegend auf feste soziale Gruppen ausgerichtet. Nicht selten spielen die Bildungsaffinität und der Gemeinschaftssinn eine große Rolle. Die Kerngemeinde wurde lange Zeit von einem so genannten christlichen Bildungsbürgertum geprägt, das Verständnis und somit Zugang zum christlichen Kulturgut hatte. Die Interessen von anderen Bevölkerungsgruppen wie bildungsfernere Gruppen oder Gruppen, die nicht in das konventionelle Bild der Gemeinde passen (z.B. Alleinerziehende und Patchwork-Familien), fühlten und fühlen sich dadurch wenig wahrgenommen.

▸▸ Chancen

Durch die Kita kann die Kirchengemeinde Menschen und Lebensformen in ihrem Umfeld näher kennen lernen. Sie ist herausgefordert, sich zu fragen, in welcher Weise sie auf Menschen unterschiedlicher Lebensformen zugeht. Die Kirchengemeinde kann stärkeren Kontakt zu Menschen unterschiedlicher sozialer Gruppen, Kultur und Religionszugehörigkeit gewinnen und Einstellungen und Bedürfnisse genauer wahrnehmen, die der Institution Kirche oft eher distanziert gegenüberstehen. Die Kita ist näher an dem dran, was Familien bewegt und kann wichtige Anregungen geben.

Wenn die evangelische Kita mit ihrem staatlichen Auftrag zugleich als Ort der Kirchengemeinde wahrgenommen wird,

- ist Kirche mit ihrer christlichen Überzeugung und ihrem christlichen Auftrag präsent,
- wird kirchliches Engagement erlebt,
- findet Begegnung mit gelebtem Glauben statt.

Es ist zwar nicht Aufgabe der Kita, Gemeindeaufbau zu leisten, aber die Kirchengemeinde kann auf den Begegnungen mit Kirche aufbauen und die Erfahrungen für ihren Gemeindeaufbau nutzen.

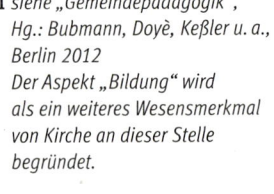

1 *siehe „Gemeindepädagogik",
Hg.: Bubmann, Doyè, Keßler u. a.,
Berlin 2012
Der Aspekt „Bildung" wird
als ein weiteres Wesensmerkmal
von Kirche an dieser Stelle
begründet.*

Die Kita ist eine staatlich anerkannte Bildungseinrichtung

Kirchliche/diakonische Kindertagesstätten berücksichtigen grundsätzlich den Bildungsplan des jeweiligen Bundeslandes in ihrer pädagogischen Arbeit. Die Bildungspläne beruhen auf den Erkenntnissen der Entwicklungspsychologie und der Pädagogik und sind Orientierung für Qualitätsstandards. Jedes Kind erfährt eine individuelle und optimale Förderung und entscheidet über eigene und gemeinsame Belange in der Kita mit. Partizipation beginnt also schon in der Kita. Dabei gelten Kinder als Akteure ihrer Entwicklung, als Ko-Konstrukteure ihres eigenen Lebens mit hohen Selbstbildungspotentialen. Individualität und Verschiedenheit der Kinder und deren Familien werden respektiert, Inklusion gestärkt. Der Träger verantwortet die Konzeption der Kita, die gemeinsam mit Team und Elternbeteiligung immer wieder aktualisiert wird. Er sorgt für Rahmenbedingungen, die die Arbeit in der Kita gelingen lassen. Die evangelische Kita orientiert sich dabei am jüdisch-christlichen Menschenbild. So sind Kinder einzigartige von Gott gewollte Persönlichkeiten, denen mit Annahme, Achtung und Zuwendung begegnet wird. Das bedeutet, die unterschiedliche religiöse und weltanschauliche Prägung der Kinder und ihrer Familien zu berücksichtigen und zu achten und sie religionssensibel zu begleiten.

Die Kirchengemeinde ist ein Bildungsträger der christlichen Kultur

Die Kirchengemeinde bietet Raum, in dem sie Bildungsprozesse initiiert und begleitet, die auf die Menschwerdung des Menschen gerichtet sind und ihn in seiner Gesamtheit betreffen[1]. Als Sozial- und Bildungsraum will sie ein Lernort sein, um das Vertrauen in die Welt zu stärken. Schon durch die Sichtbarkeit der Kirche im Ort geschieht Bildung. Eine Kirchengemeinde repräsentiert durch ihr Kulturgut die Geschichte des christlichen Abendlandes. Mit ihren Friedhöfen, Kirchen und Kapellen stehen diese als „vorbereitete" Lernräume der Öffentlichkeit zur Verfügung und lösen Fragen wie auch Inspirationen aus.

▶▶ Chancen

Der staatliche und der kirchliche Bildungsauftrag ergänzen und bereichern sich gegenseitig. So wird beispielsweise die Kirchengemeinde in der Kita ihrem Bildungsauftrag gerecht, indem sie sich für gute Bildungschancen stark macht. Bezüglich der religiösen Bildung stärkt die Kirchengemeinde das Bewusstsein für das Recht des Kindes auf Religion und achtet die religiöse und weltanschauliche Identität aller. Der staatliche Bildungsauftrag verdeutlicht die Notwendigkeit eines interreligiösen Dialogs. Gemeinsam geht es um Chancengerechtigkeit und um ein gutes soziales Miteinander.

Wenn Kinder Fragen zu Gott und der Welt ins Spiel bringen, bereichert es auch das Nachdenken der Erwachsenen über Glaubensfragen und die Verkündigung.

Kita als Ort des Theologisierens

In der Religionspädagogik werden Kinder als Theologen ernst genommen. Kinder gleich welcher Prägung stellen aus ihrem Erfahrungshorizont heraus Fragen nach Gott, ihrer Welt sowie dem Sinn ihres Lebens und erproben Antwortversuche. Dazu brauchen sie die Begegnung mit Menschen, die bereit sind, von ihren Glaubensüberzeugungen zu sprechen und ihnen ermöglichen, religiöse Traditionen kennenzulernen.

▶▶ Chancen

Der Perspektivwechsel hin zu den Kindern, das Erleben und Ernstnehmen von Kindern als Akteuren ihrer eigenen, auch religiösen Bildung, bereichert die Auseinandersetzung mit dem christlichen Glauben. Es erfolgt eine weitere Öffnung des religiösen Dialogs. Die „Theologinnen

Kirchengemeinde und die Theologie

Kirchengemeinde bietet Räume, über Glaubens- und Lebenserfahrungen nachzudenken. Hier sind Menschen, die sich mit ihrem eigenen Glauben auseinandersetzen und meist gerne Gedankenanstöße aufnehmen. Sie nutzen dabei biblische Grundlagen, Überlegungen der Theologie und die Auseinandersetzung mit ethischen und gesellschaftlichen wie persönlichen Fragestellungen.

und Theologen" der Kitas können Kirchengemeindeglieder in einer guten Weise verunsichern. Zugleich können Kirchengemeinden durch Glaubenstraditionen den Kindern begegnen, Geborgenheit geben und zu einem weiterführenden theologischen Denken einladen.

Was meinen Sie?
Wertschätzung und Interesse an den unterschiedlichen Arbeitsbereichen

Eine Umfrage zum Thema Kooperation Kita –Kirchengemeinde[2] **hatte folgende Ergebnisse:**

▸ Die Kitas sind an einer Zusammenarbeit mit der Kirchengemeinde interessiert und mehrheitlich der Ansicht, dass sie die Unterstützung der Kirchengemeinde für die Begleitung der Kinder und Familien in religiösen Fragen brauchen.[3]

▸ Mitglieder von Kirchengemeinden sind überzeugt, dass ev. Kitas einen „Nutzen" für die Kirchengemeinde haben.[4]

Es ist wichtig, dass beide Partner von ihrer Arbeit wissen, sich achten und bezüglich der jeweils unterschiedlichen Herausforderungen wertschätzen. Dazu gehört es auch, sich gegenseitig darüber auszutauschen, was gelungen und misslungen ist.

Pädagogische Fachkräfte über die Kirchengemeinde:

Das schätze ich
an unserer Kirchengemeinde

▸ kurze Wege zueinander (ich kann mich bei der Pfarrerin melden, wenn 's brennt – sie schaut öfter vorbei)

▸ unkompliziertes Miteinander

▸ regelmäßige (terminierte) Dienstbesprechungen – Dialog und Transparenz

▸ dass die Kinder die PfarrerIn kennen (o. DiakonIn o. KantorIn) und es findet persönliche Kontaktpflege statt (es liegt viel an den einzelnen Personen)

▸ dass wir in der Kirche (im Kirchengebäude) willkommen sind und die Kirche immer wieder mit den Kindern besuchen können

▸ wenn wir Ressourcen gegenseitig nutzen (z. B. Kirchenmusiker, Kita hilft manchmal mit in der Kirche)

▸ wenn jemand da ist (PfarrerIn, KantorIn, DiakonIn …), der/die mit Kindern umgehen kann

▸ es ist ja schon mal viel gewonnen, wenn die Kita nicht als lästige (zusätzliche) Aufgabe der Kirchengemeinde betrachtet wird, sondern bewusst der Kontakt gesucht und gepflegt wird

Das schätze ich nicht
an unserer Kirchengemeinde

▸ wenn die Kindergartenkinder nicht im Gemeindegottesdienst willkommen sind, sondern es dann eine extra Feier nach dem „normalen" Gottesdienst gibt

▸ wenn Pfarrer keinen Blick dafür haben, dass nicht alle Kinder getauft sind, wenn sie im Kindergarten Taufe oder Tauferinnerung feiern wollen

▸ wenn ich nicht frei entscheiden darf, ob ich mich zusätzlich zu meiner Arbeit als Erzieherin noch ehrenamtlich für die Kirchengemeinde engagieren will und dieses Engagement von mir einfach erwartet wird

▸ wenn nicht klar ist, was zur Arbeitszeit zählt und dann ohne Absprache Kindergartengottesdienste am Sonntag als mein Privatvergnügen verstanden werden

2 *Auf dem Gemeindekongress der EKM am 13. Oktober 2012 in Halle und auf dem ErzieherInnentag des DW der EKM am 6.10.2012 in Erfurt beteiligten sich 102 hauptamtlich und ehrenamtlich beschäftigte Gemeindeglieder und 71 ErzieherInnen und Leiterinnen ev. Kitas.*

3 *Frage auf dem ErzieherInnentag: „Sind Sie der Meinung, dass die Kita die Kirchengemeinde für die Begleitung der Kinder und ihrer Familien in religiösen Fragen braucht?"*

Ja-Stimmen: *60*
Nein-Stimmen: *10*
Enthaltungen: *1*

4 *Frage auf dem Gemeindekongress: Sind Sie der Meinung, dass eine ev. Kita einen „Nutzen" für die Kirchengemeinde hat?*

Ja-Stimmen: *97*
Nein-Stimmen: *5*

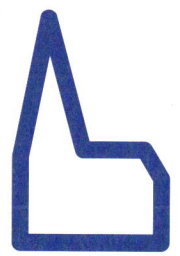

Zitate aus Fortbildungen und Tagungen zum Thema „Kita und Kirchengemeinde"

8

Zitate aus Fortbildungen und Tagungen zum Thema „Kita und Kirchengemeinde"

Hauptamtliche der Kirchengemeinde über die Kita:

Das schätze ich an unserer Kita

▸ die sehr aktive Chefin – das ist beeindruckend, was sie mit ihrem Team auf die Beine stellt
▸ die schönen Morgenkreise, den Austausch, die Art der Kommunikation
▸ 1x im Monat findet ein Gottesdienst in unserer Kirche für den Kindergarten statt – das geht sehr gut – der Termin steht lange fest, alle wissen, wie es abläuft
▸ dass bei internen Weiterbildungen eine Andacht von uns gewünscht wird
▸ gemeinsame Feste und Begegnungen
▸ der respektvolle Umgang miteinander

Das schätze ich nicht an unserer Kita

▸ dass so viele Absprachen nötig sind, wenn ich in der Kita etwas gestalten möchte
▸ Angebote sind doch freiwillig – da wünsche ich mir, dass es bei der Teilnahme an religiösen Angeboten mehr Sensibilität gibt
▸ oft höre ich: „Sie können ruhig öfter mal vorbeischauen!", aber die Erzieherinnen sehen nicht, dass ich einfach nicht noch mehr Zeit investieren kann, auch wenn ich es wollte
▸ wenn nicht klar gesagt wird, was das Team von mir erwartet: Was ist zu viel – was ist zu wenig Engagement von meiner Seite
▸ wenn Absprachen und Kommunikation nicht möglich sind, da die Erzieherinnen voll in der Gruppe arbeiten – oft bleiben nur kurze Absprachen zwischen Tür und Angel

Eine wegweisende Verbindung
Kita und Kirchengemeinde

Foto: Ronald Reinicke

Die Aufgaben von Kita und Kirchengemeinde sind aufeinander bezogen: Im Erziehungs- und Bildungsauftrag der Kita wird die Kirchengemeinde ihrem ureigensten Auftrag gerecht. Umgekehrt erfährt die Kita eine unverzichtbare Unterstützung und Bereicherung ihrer Erziehungs- und Bildungsarbeit durch die Kirchengemeinde.

Was hat die Kita von der Kirchengemeinde?
Die Kita gewinnt:

▸ Unterstützung für ihre Aufgaben in der Gesellschaft
▸ Kontakte zu Menschen, Gruppen und Kreisen der Gemeinde
▸ Unterstützung beim Umgang mit der religiösen Dimension des Lebens
▸ Kennenlernen von Menschen, die für religiöse Fragen ansprechbar sind
▸ theologische Gesprächspartner für pädagogische Fachkräfte
▸ Anerkennung und Wertschätzung
▸ ehrenamtliche Mitarbeit in der Kita
▸ Gemeinde als Forum für Kinder, wo sie Anerkennung erfahren und Teilhabe erleben können
▸ Möglichkeiten der Selbstdarstellung (Öffentlichkeitsarbeit)
▸ ...

Was hat die Kirchengemeinde von der Kita?
Die Kirchengemeinde gewinnt:

▸ Glaubwürdigkeit in der Gesellschaft im Blick auf ihren Auftrag
▸ Sensibilität für die Lebenssituationen der Kinder und deren Familien
▸ Anregungen, Kinder als Glaubende ernst zu nehmen
▸ Kennenlernen kind- und familiengemäßer Formen, dem Glauben Ausdruck zu geben
▸ Austausch über religiöse Bildung zwischen Mitarbeitenden der Gemeinde und Mitarbeitenden der Kita
▸ Kennenlernen der Einstellungen und Meinungen von Menschen, die der Institution Kirche (eher) distanziert gegenüberstehen
▸ Kreativität, Spontaneität, Impulse für Gottesdienste
▸ ...

Gemeinsam
und eigenständig planen

Mögliche Formen der Zusammenarbeit von Kita und Kirchengemeinde

Foto: Rainer Sturm_pixelio.de

Es gibt unterschiedliche Möglichkeiten, die Zusammenarbeit zwischen Kirchengemeinde und Kita zu gestalten. Abhängig von zeitlichen Ressourcen, Kommunikationsfluss und „Traditionen" in der Zusammenarbeit hat jede Form der Zusammenarbeit ihre eigenen Stärken und Schwächen.

Nebeneinander eigenständiger Veranstaltungen – nur gegenseitige Info

- ▸ klare Aufgabenzuteilung
- ▸ wenig Zeitüberschneidung
- ▸ kaum Reibungsverluste (?)
- ▸ unterschiedliche Anliegen müssen nicht ausdiskutiert werden
- ▸ Zulassen unterschiedlicher Schwerpunktsetzung

- ▸ Freude am selbständigen Arbeiten und am Zeigen, was man tut
- ▸ voneinander lernen, füreinander aufmerksam werden/sein/bleiben (?)
- ▸ Konkurrenz kann auftreten (Wer macht die besseren Veranstaltungen?)
- ▸ ...

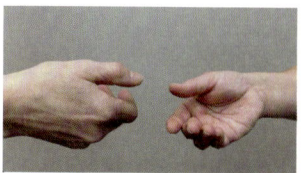

Gemeinsam geplante und durchgeführte Veranstaltungen

- ▸ intensive Kontakte
- ▸ intensiver Austausch
- ▸ Wo liegt wofür die Verantwortung und wer darf welche Entscheidungen treffen?
- ▸ Machtfragen und Konkurrenz können auftreten

- ▸ klare Absprachen sind nötig, um Reibungsverluste zu vermeiden
- ▸ aufwendiges Planen und Absprechen
- ▸ Konflikt- und Kommunikationsfähigkeit nötig
- ▸ zeitaufwendigstes Modell
- ▸ ...

Delegation einzelner Punkte

- ▸ Kita plant – Kirchengemeinde wird nur für einzelne Punkte beauftragt
- ▸ Pfarrer/Kirchengemeinde plant – Kita wird nur für einzelne Punkte beauftragt
- ▸ nur minimale Absprachen nötig
- ▸ großes Vertrauen zum Planenden nötig
- ▸ Einverständnis mit der Planung erforderlich
- ▸ sieht der Planende auch die Interessen und Kompetenzen des anderen?

- ▸ Freiwillige oder erzwungene Übernahme der einzelnen Punkte?
- ▸ mögliche Arbeitsentlastung bei wirklicher Delegation
- ▸ beide Seiten werden wahrgenommen, aber: Will ich so wahrgenommen werden, wie es der andere geplant hat?
- ▸ ...

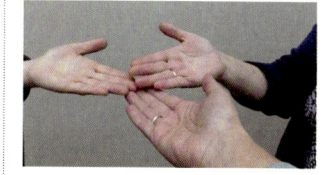

Übernahme von Aufgaben für die Kirchengemeinde/Kita

- ▸ Sind Kapazitäten und Kompetenzen dafür vorhanden?
- ▸ Gehört das zum Auftrag einer Kita?
- ▸ Einseitiges oder gegenseitiges Geben und Nehmen?
- ▸ evtl. gegenseitige Entlastung

- ▸ Positive Erfahrungen: „Die machen etwas für uns!" – „Da kommt etwas zurück!"
- ▸ Wird wirklich wahrgenommen, was gebraucht wird?
- ▸ ...

Vernetzt arbeiten
Impulse zur Kooperation von Kita und Kirchengemeinde

Foto: Stephanie Hofschlaeger_pixelio.de

Die Vernetzung und Kooperation von Kita und Kirchengemeinde erfordern konzeptionelle, personelle und strukturelle Verankerungen. Echte Vernetzung hängt von der Kooperation konkreter Personen ab. Eine Vertrauensperson kann die Kommunikation zwischen Kita und Kirchengemeinde unterstützen.

Ein erster Schritt ist das gegenseitige Kennenlernen und der Austausch über Ziele, Inhalte, Methoden und Arbeitsweisen. Es bietet sich an, einen Jahresplan über gemeinsame Veranstaltungen, Projekte und Vorhaben zu erstellen. Gemeinsam kann ein religionspädagogisches Konzept entwickelt und verantwortet werden.

Eine gute Kooperation braucht außerdem eine konkrete strukturelle Verankerung, z.B. als regelmäßiger Punkt auf der Tagesordnung des Gemeindekirchenrats/des Kirchenvorstands, eine personelle Vertretung im Gemeindekirchenrat/Kirchenvorstand, eine konkrete Bezugsperson aus der Kirchengemeinde, die an den Teambesprechungen der Kita teilnimmt.

Die folgenden Impulse und Anregungen werden hier im Zusammenhang der Grundvollzüge der Gemeinde zusammen getragen. Bildung durchdringt als Querschnittsaufgabe die klassischen Grundvollzüge Diakonie, Liturgie, Verkündigung und Gemeinschaft. Um den Blick auf die Dimension Bildung zu schärfen, wird Bildung hier als weitere Kategorie aufgeführt.

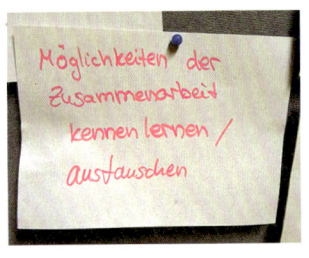

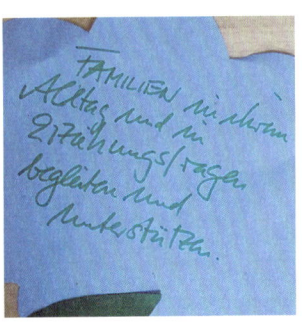

Bildung

► Kompetenzen der Mitarbeitenden der Kita und der Mitarbeitenden der Kirchengemeinde in gemeinsamer thematischer Arbeit nutzen, z. B. zu folgenden Themen:

- Religiöse Bildung von Kindern
- Spiritualität und Kinder
- Rituale und liturgische Formen für Kinder
- Umgang mit Kinderfragen/Theologisieren mit Kindern
- Konzepte in der Arbeit mit Kindern und Familien
- Erziehungs- und Bildungspartnerschaft
- globales Lernen

► Materialbörse (Fachliteratur; Kreativmaterial u.a.) organisieren
► thematische Fortbildungen für pädagogische Mitarbeitende zu religiösen oder theologischen Themen anbieten
► ...

Lit.: Helmchen-Menke, H. (Hg.):
Gut vernetzt für religiöse Bildung.
Wie sich Kindergarten
und Kirchengemeinde ergänzen.
Konkrete Möglichkeiten
der Kooperation Kindergarten –
Kirchengemeinde, rpi Freiburg 2012

Diakonie

- Familien in ihrem Alltag und in Bildungs- und Erziehungsfragen begleiten und unterstützen
- Kindertagesstätte zum Familienzentrum entwickeln
- Mitarbeitende der Kita und Familien auf Unterstützungsangebote der Kirche aufmerksam machen (Kinderbetreuung, Hausaufgabenhilfe, Eltern-Kind-Projekte usw.)
- Mitarbeitenden der Kita und Familien seelsorgerliche Begleitung anbieten
- Partnerschaften mit Einrichtungen und Gemeinden im globalen Süden
- ...

Liturgie

- Andachten und Gottesdienste, die mit der Kita gefeiert werden, gemeinsam planen und vorbereiten
- Begrüßung, Vorstellung und Segnung einer neuen LeiterIn/pädagogischer Mitarbeitenden der Kita im Gemeindegottesdienst feiern
- Willkommensgottesdienst für die neuen Kinder, Segnung der Schulanfänger feiern
- „Kinderkirche" auch für Kinder unter drei Jahren anbieten
- ...

Verkündigung

- Kita-Team spirituell begleiten, z.B. mit einem Angebot zu einem Oasentag oder einem spirituellen Impuls während der Teamsitzung
- Leitbild der Kindertagesstätte gemeinsam erarbeiten, Schwerpunkt: Religionspädagogisches Profil
- implizite Religionspädagogik in den Blick nehmen
- Kinderbibelwoche im Kindergarten in gemeinsamer Verantwortung planen und durchführen
- Mitarbeitende der Kirchengemeinde gestalten einen thematischen Elternabend
- Gesprächskreise in Kooperation der Kita und der Kirchengemeinde für Eltern organisieren
- Besinnungstag aller Mitarbeitenden der Kirchengemeinde und der Kindertagesstätte regelmäßig planen
- ...

Gemeinschaft

- gegenseitige Information über Veranstaltungen und Angebote
- in der Kindertagesstätte den Gemeindebrief auslegen
- Betriebsausflug mit Mitarbeitenden der Kita
- Gemeindefest
- interreligiöse und interkulturelle Gastfreundschaft pflegen
- Außendarstellung der Kindertagesstätte z.B. auf der Homepage, im Gemeindebrief ermöglichen und fördern
- technische Ressourcen wie Räume, Instrumente und Technik gegenseitig nutzen
- ...

Den Blick schärfen
Reflexionsfragen zum Miteinander von Kita und Kirchengemeinde

Foto: Claudia Hautumm_pixelio.de

Wegbereiter für eine vertrauensvolle Basis

Die folgenden Reflexionsfragen helfen, den Blick auf das Zusammenspiel von Kita und Kirchengemeinde zu schärfen. Die Reflexionsfragen dienen dazu, ab und zu innezuhalten und nachzudenken, an welchen Schnittstellen Kirchengemeinde und Kita miteinander ins Gespräch kommen und das Miteinander verbessert werden kann.

Zur eigenen Person

▸ Fühle ich mich und meine Arbeit in der Kirchengemeinde/vom Kirchenvorstand/von der zuständigen Pfarrerin bzw. in der Kita/von der Leitung /dem Team/den Familien in angemessener Weise wahrgenommen?
▸ Nehme ich wahr, was in der Kirchengemeinde bzw. in der Kita geleistet wird?
▸ Empfinde ich meine Arbeit wertgeschätzt?
▸ Zeige ich Wertschätzung gegenüber den Mitarbeitenden in der Kirchengemeinde bzw. der Kita?
▸ Höre ich konstruktive Kritik, die ich gerne aufnehme?
▸ Welche Möglichkeiten habe ich/möchte ich nutzen, gegebenenfalls auf mich und meine Arbeit aufmerksam zu machen und mich über die Arbeit in der Gemeinde/in der Kita noch besser zu informieren?

Zur Zusammenarbeit von Kita und Kirchengemeinde

▸ Kennt die Gemeinde (verantwortliche Kontaktpersonen, Kirchenvorstände) die Herausforderungen in und um die Arbeit in der Kindertagesstätte?
▸ Kennt die Kindertagesstätte (Mitarbeitende, Elternbeiräte, Trägervertreter – wenn nicht identisch mit der Kirchengemeinde) die Herausforderungen in der Arbeit der Kirchengemeinde?
▸ Gibt es regelmäßige Besprechungen zwischen Kita und der zuständigen beauftragten Person der Kirchengemeinde zu
  • religionspädagogischen Themen
  • gemeinsam verantworteten Gottesdiensten und Aktionen
  • Konzeptionen der Zusammenarbeit
  • dem allgemeinen Austausch
  • den Bedürfnissen der Eltern und Kinder?
▸ Sind Entscheidungsprozesse, Verantwortlichkeiten und Kompetenzen geklärt?
▸ Werden der Kirchenvorstand und wichtige Arbeitskreise in der Gemeinde regelmäßig über die Arbeit in der Kita informiert?
▸ Ist bewusst, wo Informationen über die Angebote der Kirchengemeinde für Kinder und ihre Eltern/Familien zu erhalten sind?
▸ Gibt es Veranstaltungen, die gemeinsam von Kirchengemeinde und Kindertagesstätte veranstaltet werden?

- Welche gemeinsamen Veranstaltungen sind wünschenswert?
- Wird in der Konzeption der Kindertagesstätte das religionspädagogische Profil und die Zugehörigkeit zu bzw. die Zusammenarbeit mit der Kirchengemeinde sichtbar?
- Werden geistliche Angebote zur Stärkung und/oder Regeneration der Mitarbeitenden in der Kita gemacht?
- Gibt es Angebote der theologischen Begleitung und Fortbildung für die Mitarbeitenden der Kita?

Im Blick auf die Eltern und Familien

- Sind die Angebote der Kirchengemeinde für Kinder und ihre Eltern/Familien bekannt?
- Sind die Angebote der Kirchengemeinde auf die unterschiedlichen Lebenssituationen der Kinder, Eltern und Familien abgestimmt?
- Gibt es Angebote für die Eltern zu religiösen Themen und wissen die Eltern, an wen sie sich mit religiösen Fragen wenden können?
- Finden die Eltern in der Kirchengemeinde Möglichkeiten des Austauschs und der Begegnung?
- Werden ausgewählte Informationen regelmäßig an die Eltern und Kinder weitergegeben?
- Wird die Kontaktaufnahme zwischen Familien und Kirchengemeinde unterstützt?
- Kennen die Eltern ihre Möglichkeiten, in der Kirchengemeinde mitzuwirken und mitzugestalten?

*Vgl. dazu auch:
Bundesvereinigung Evangelischer Tageseinrichtungen für Kinder e. V. (BETA)
Diakonisches Institut für Qualitätsentwicklung im Diakonischen Werk der EKD e.V. (Hrsg.)
Bundesrahmenhandbuch – Leitfaden für den Aufbau eines Qualitätsmanagementsystems in Tageseinrichtungen für Kinder.
Berlin 2009
(Im Jahr 2015 ist eine Überarbeitung geplant)*

Vorwort zu den Praxisbausteinen

Foto: Sabine Ullmann_pixelio.de

Unsere Empfehlung:

- Die im Folgenden beschriebenen Beispiele und Methoden dienen dazu, den Kommunikationsprozess zwischen Kindertagesstätte und Kirchengemeinde zu stärken. Es ist zweckmäßig, für diesen Prozess einen Moderator/eine Moderatorin zu gewinnen, der/die nicht diesen beiden Systemen angehört und die Gesprächsführung neutral und allparteilich gestalten kann.
- Braucht z.B. eine Pfarrerin der Kirchengemeinde oder ein Leiter der Kita den Prozess nicht selbst zu moderieren, kann sie/er sich leichter inhaltlich einbringen, die Kommunikation ist für alle offener. Klare Positionierungen und intensive Auseinandersetzungen bilden eine gute Basis für eine weiterführende konstruktive Zusammenarbeit.

Struktur der Praxisbausteine

- Themen, die mit dieser Methode diskutiert und bearbeitet werden können
- Intention/Ziel
- Zielgruppe(n) und Teilnehmerzahl
- Zeitbedarf
- Beschreibung und Ablauf
- Herausforderungen und Chancen
- Vorbereitung und Materialien
- Weiterführung

Praxisbaustein I

Aufeinander Zugehen – „Kugellager"

Themen, die mit dieser Methode diskutiert und bearbeitet werden können:
Erster Einstieg, um die Zusammenarbeit in den Blick zu nehmen und Erfahrungen auszutauschen

Intention und Ziel:
▸ Mitarbeitende aus Kita und Kirchengemeinde lernen einander (besser) kennen
▸ Schaffen einer kommunikativen Arbeitsgrundlage anhand persönlicher Erfahrungen, Wünsche und Einschätzungen

Zielgruppe(n) und Teilnehmerzahl:
Mitarbeitende der Kita und der Kirchengemeinde
ca. 20 Personen

Zeitbedarf:
ca. 30 Minuten

Beschreibung und Ablauf:
Mit der Methode des Kugellagers findet eine erste Annäherung an das Thema einer Begegnungsveranstaltung statt.
Die Teilnehmenden bilden aus jeweils gleich vielen Personen einen Innenkreis und einen Außenkreis, so dass sich jeweils zwei Personen gegenüber stehen.
Diese Personen tauschen sich über eine ihnen gegebene Fragestellung aus. Bei einem vereinbarten Signal (nach jeweils ca. 2 Minuten) wird der Außenkreis aufgefordert, eine Person nach rechts weiterzugehen und die nächste Frage wird gegeben.

Mögliche Fragestellungen:
▸ Das schätze ich an meiner Kita …
▸ Das schätze ich an meiner Kirchengemeinde …
▸ Diese Chancen sehe ich in der Zusammenarbeit …
▸ Das macht die Zusammenarbeit schwierig …
▸ Ein ermutigendes Beispiel/Begegnung erzählen, für das sich die Zusammenarbeit lohnt …
▸ Das hat sich durch die Zusammenarbeit in Kita oder Kirchengemeinde verändert …
▸ Möglichkeiten und Kompetenzen der Kita, die die Kirchengemeinde so nicht hat …
▸ Möglichkeiten und Kompetenzen der Kirchengemeinde, die die Kita so nicht hat …
▸ Mein Traum einer Zusammenarbeit …
▸ …

Oft ist es hilfreich, im Anschluss eine Blitzlichtrunde zu gestalten, in der jede/r den für sie/ihn wichtigsten Gedanken aus diesem Austausch benennt.

Herausforderungen und Chancen:
Die Chance dieser Methode besteht darin, dass die Teilnehmenden eine erste Möglichkeit haben, miteinander ins Gespräch zu kommen, Erfahrungen auszutauschen und sich mit dem Thema auseinanderzusetzen.
Wird das „Kugellager" mit einer Blitzlichtrunde abgeschlossen, erfährt die Tagesleitung schon Wesentliches zur Haltung/Einstellung und Vorerfahrungen der Teilnehmenden.

Vorbereitung und Materialien:
Vorbereitung der Fragestellungen, die in den Tag hineinführen sollen

Weiterführung:
Vorstellung des geplanten Tagungsablaufs, gegebenenfalls Verständigung zur Schwerpunktsetzung

Praxisbaustein II

Schätze entdecken – Schätze heben

Themen, die mit dieser Methode diskutiert und bearbeitet werden können:

Bereicherung der Arbeit in Kita und Kirchengemeinde durch die Zusammenarbeit

Intention/Ziel:

▸ Stärkung der Zusammenarbeit
▸ Bewusstsein schaffen für die Bereicherung, die in der Zusammenarbeit liegt
▸ Motivation und Ideen für weitere Zusammenarbeit formulieren

Zielgruppe(n) und Teilnehmerzahl:

Mitarbeitende der Kita und der Kirchengemeinde
ca. 20 Teilnehmer

Zeitbedarf:

ca. 80 Minuten

Beschreibung und Ablauf:

Eine große Schatzkiste in der Mitte symbolisiert das Wertvolle, das in der Zusammenarbeit von Kita und Kirchengemeinde steckt.

Einstieg:

In einer Anfangsrunde nennen die Mitarbeitenden der Kita, was sie an ihrer Kirchengemeinde schätzen und die Mitarbeitenden der Kirchengemeinde, was sie an ihrer Kita schätzen.

Gruppenarbeit „Schatzsuche":

Diese gegenseitig wertschätzende Haltung legt nahe, dass in der Zusammenarbeit viele Schätze liegen und noch weitere gehoben werden können.
In vier Gruppen (unterschiedliche Farben) wird nach möglichen Schätzen der Zusammenarbeit gefragt:

1 Gruppe der Kita-Mitarbeitenden:

Sie sammeln auf „Edelsteinkarten", welche Bereicherung für die Kirchengemeinde in der Zusammenarbeit liegen kann.

2 Gruppe der Kita-Mitarbeitenden:

Sie sammeln auf „Edelsteinkarten", welche Bereicherung für die Kita in der Zusammenarbeit liegen kann.

3 Gruppe der Mitarbeitenden der Kirchengemeinde:

Sie sammeln auf „Edelsteinkarten", welche Bereicherung für die Kita in der Zusammenarbeit liegen kann.

4 Gruppe der Mitarbeitenden der Kirchengemeinde:

Sie sammeln auf „Edelsteinkarten", welche Bereicherung für die Kirchengemeinde in der Zusammenarbeit liegen kann.

Plenum:

Zusammentragen der möglichen Bereicherungen, Kurzreflexion

Einzelarbeit:

Jede/r sucht sich einen Edelstein aus, den er/sie als Schatz heben möchte.

Gruppenarbeit:

(Diesmal möglichst gemischte Gruppen von bis zu 4 Personen)
Einer benennt seinen Edelstein und die anderen sammeln in Form eines Brainstormings Ideen, um diesen Schatz zu heben. Die Person, die sich den Schatz ausgesucht hat, gibt eine Rückmeldung, welche Idee(n) sie gerne aufgreifen möchte.
So kann jede Person ihren Edelstein benennen und Ideen dazu aufnehmen.

Abschlussrunde im Plenum:

Jede/jeder überlegt und äußert sich: „Diese Anregung nehme ich mit …!"

Herausforderungen und Chancen:

Die Chance dieser Methode besteht darin, dass als erstes in den Blick kommt, welche Schätze die Zusammenarbeit birgt und erst dann nachgedacht wird, was ich selbst tun will und tun kann, um den einen oder anderen Schatz zu heben.
Wichtig ist, dass die/der Einzelne dabei seine Möglichkeiten realistisch einschätzt und sich auf ein Ziel und wenige Schritte beschränkt, um sich nicht zu überfordern.

Vorbereitung und Materialien:

▸ farbige Edelsteinkarten
▸ Schatzkiste

Weiterführung:

▸ Verabredung zu einem nächsten Treffen, an dem gezeigt wird, was aus den Ideen und ihrer Umsetzung entstanden ist
▸ Weiterarbeit am Schatz einer evangelischen Ausrichtung (Praxisbaustein VI)

Selbstverständnis

Praxisbaustein III

Was wir von uns halten – Selbst- und Fremdbild, Erwartungen und Visionen

Themen, die mit dieser Methode diskutiert und bearbeitet werden können:

Wie arbeiten und denken die Mitarbeitenden der Kita und der Kirchengemeinde? Wie nimmt die Kita die Kirchengemeinde wahr, wie nimmt die Kirchengemeinde die Kita wahr? Welche Erwartungen habe ich an das jeweils andere System – Kita oder Kirchengemeinde? Welche Vision habe ich hinsichtlich einer konstruktiven Zusammenarbeit?

Intention/Ziel:

▸ Klärung des Selbstverständnisses
▸ erfahren, welches „Bild" Kita von der Kirchengemeinde und Kirchengemeinde von der Kita hat
▸ Erwartungen an Kita/Kirchengemeinde aussprechen
▸ Visionen zur Kooperation entstehen lassen

Zielgruppe(n) und Teilnehmerzahl:

Mitarbeitende der Kita und der Kirchengemeinde, keine Begrenzung der Anzahl

Zeitbedarf:

90 bis 120 Minuten

Beschreibung und Ablauf:

Mitarbeitende erstellen jeweils einen Karton, der deutlich erkennbar für Kita und für Kirchengemeinde steht.

1. Seite | Selbstverständnis – Selbstbild:

Wie sehen wir uns? Was sind unsere Aufgaben?
Mitarbeitende der Kita und der Kirchengemeinde beschreiben in einer jeweils eigenen Gruppe in kurzen Worten, was das Wesentliche ihrer Arbeit ist. Im Plenum wird das jeweilige Selbstbild vorgestellt, die Zettel an den eigenen Karton auf eine Seite geklebt. Rückfragen zum Verständnis sind möglich.

2. Seite | Fremdbild: Wie sehen wir die anderen?

In den beiden Gruppen wird nun auf Zetteln festgehalten, welches Bild die Gruppe vom anderen System hat. Die Fremdbilder werden vorgestellt und an eine Seite des jeweils anderen Kartons aufgeklebt. Verständnisfragen sind möglich.
An dieser Stelle bietet es sich an, den Praxisbaustein IV „Stolpersteine und Wegplatten" einzufügen, der die bestehende Kommunikation zwischen der Kita und der Kirchengemeinde offen legt und unausgesprochene Erwartungen zum Thema machen kann.

3. Seite | Erwartungen:

Welche Erwartungen nehmen wir wahr?
Wie erhalten wir die Balance zwischen Aufgaben und Erwartungen?
Ergebnisse werden im Plenum vorgestellt und an die 3. Seite des eigenen Kartons aufgeklebt.

4. Seite | Vision:

Welche „Vision", welche Vorstellungen und Wünsche hat das jeweilige System
im Hinblick auf die Zusammenarbeit von Kita und Kirchengemeinde?
Ergebnisse werden wieder im Plenum ausgetauscht und auf die 4. Seite geklebt.
Rückfragen sind möglich.

Herausforderungen und Chancen:

Die Teilnehmenden sind gefordert, sich ihrer (geheimen) Erwartungen an den jeweils anderen (Kita/Kirchengemeinde) und des eigenen Bildes von dem anderen bewusst zu werden und zu artikulieren. Missverständnisse können ausgeräumt, Hindernisse und förderliche Wege erkannt und diskutiert werden.

Vorbereitung und Materialien:

- ▸ zwei große Kartons
- ▸ Gestaltungsmaterialien und Bastelwerkzeug
- ▸ Papiere zum Beschreiben und späteren Bekleben der Kartons

Weiterführung:

Verabredung zu einem nächsten Treffen, an dem Schritte zur Umsetzung der Visionen geplant werden: Vorbereitungen, Pläne, erste Schritte, Unterstützer.

Praxisbaustein IV

Wege zueinander – „Stolpersteine und Wegplatten"

Themen, die mit dieser Methode diskutiert und bearbeitet werden können:

Kommunikation zwischen Kita und Kirchengemeinde und das Verhältnis zueinander

Intention/Ziel:

- ▸ gelingende und störende Faktoren in der Kommunikation
  von Kita und Kirchengemeinde benennen
- ▸ Hindernisse in der Kommunikation erkennen und diskutieren

Zielgruppe(n) und Teilnehmerzahl:

- ▸ Mitarbeitende der Kita und der Kirchengemeinde
- ▸ ab 8 Teilnehmenden

Zeitbedarf:

ca. 60 Minuten

Beschreibung und Ablauf:

Zwei Fotos mit den Türen der Kindertagesstätte und der Kirchengemeinde werden mit einigem Abstand an eine Pinnwand/auf dem Boden angeordnet. „Wege" zwischen den beiden Einrichtungen werden mit „Stolpersteinen" und „Wegplatten" gelegt.

Auf zurechtgeschnittenen Papierstücken, die die „Stolpersteine" darstellen, tragen die Teilnehmenden ein,

▸ was es für sie schwer macht, den Weg in die Kita/Kirchengemeinde zu finden,
▸ was das Verhältnis zueinander holprig macht,
▸ was (im übertragenen Sinn) hinderlich ist auf dem Weg in die jeweils andere Einrichtung.

Auf Papierstücken, die die „Wegplatten" darstellen, notieren sie im zweiten Schritt,

▸ was es ihnen leicht macht, Kontakt aufzunehmen
▸ was den Weg zum anderen hin ebnet und einfach macht.

Nach dem Beschriften der Zettel stellen die Teilnehmenden ihre „Stolpersteine" und „Wegplatten" vor, pinnen die Zettel an/legen die Zettel ab und gestalten so den Weg zwischen Kita und Kirchengemeinde.

Analyse des Weges zwischen Kita und Kirchengemeinde im moderierten Gespräch:

▸ Wie ist der Weg zwischen beiden Einrichtungen beschaffen?
▸ Wodurch gelingt der Kontakt, die Kooperation?
▸ Was verursacht die größten Hindernisse?
▸ Welche Hindernisse beruhen auf unausgesprochenen Erwartungen?
▸ Jede Einrichtung berät, an welchem „Hindernis" sie arbeiten möchte und welche „Wegplatte" sie besonders freut. Die Ergebnisse werden im Plenum veröffentlicht.

Herausforderungen und Chancen:

Erfahrungen werden offen gelegt. Bei der Gestaltung des Weges wird deutlich, welche konkreten Schritte und Verhaltensweisen zu einer gelingenden Kommunikation beitragen.

Empfohlen wird, dass jeweils beide Arten von Steinen abgelegt, Hindernisse und Gelingendes von Anfang an nebeneinander stehen. Dabei geht es nicht um das Bewerten von Handlungen, sondern um das Sichtbarwerden dessen, was Kommunikationsprozesse hindert oder in Gang bringt.

Vorbereitung und Materialien:

▸ „Markenzeichen", die für die jeweilige Kita und Kirchengemeinde stehen; geeignet ist z.B. ein Foto der jeweiligen Tür
▸ zwei Papiertypen in ausreichender Menge, in Form und auch farblich unterschieden für Wegplatten und Stolpersteine

Weiterführung:

Die Gruppe kann konkrete Vereinbarungen treffen und schriftlich festhalten: was, wie (auf welchem Weg), wann (kurz-, mittel oder langfristig) und von wem.

Praxisbaustein V

Erwartungen

Themen, die mit dieser Methode diskutiert und bearbeitet werden können:

Das Thema „Stolpersteine auf dem Weg zueinander" hängt oft eng mit den eigenen Erwartungen zusammen.

Intention/Ziel:

▸ Umgang mit eigenen und fremden Erwartungen reflektieren
▸ „Stolpersteine" bearbeiten (aus Praxisbaustein IV)

Zielgruppe(n) und Teilnehmerzahl:

Mitarbeitende der Kita und der Kirchengemeinde, ca. 8 – 20 Personen

Zeitbedarf: ca. 40 Minuten

Beschreibung und Ablauf:

Die Tagesleitung referiert zum Thema „Mit eigenen Erwartungen umgehen" (M 1)
und führt in die Übung „Wie ich eigene Erwartungen formuliere" (M 2) ein.

M 1 – Mit eigenen Erwartungen umgehen

Jeder Mensch trägt Erwartungen an andere in sich. An jeden Menschen werden auch Erwartungen gerichtet. Diese sind jedoch nicht immer bekannt und bewusst. Selten werden sie ausgesprochen. Das führt oft zu Kommunikationsschwierigkeiten.
Die Folgen können z.B. Enttäuschung und Abwehr eines Erwartungsdruckes sein. Was tun?

1. Eigene Erwartungen bewusst machen und überprüfen

Welche Erwartungen habe ich?
Sind sie überhaupt realisierbar?
Kann mein Gegenüber diese Erwartungen erfüllen?
Habe ich sie zu hoch gesteckt?
Z.B.: „Ich erwarte, dass Sie sich wöchentlich zwei Stunden Zeit nehmen für die Kita".

2. Eigene Erwartungen benennen und formulieren

Wenn ich stillschweigend voraussetze, dass mein Gegenüber meine Erwartungen kennt, werde ich enttäuscht werden und mein Gegenüber weiß gar nicht, warum ich frustriert und ärgerlich bin.

3. Verschlüsselungen der eigenen Erwartungen vermeiden

Es erzeugt Widerstand, wenn Erwartungen in Vorwürfe verpackt werden. Deshalb ist es hilfreich, anstelle der Anmerkung „Man sieht sie ja hier so selten!" konkret zu formulieren: „Könnten Sie sich vorstellen, einmal im Monat den Morgenkreis zu übernehmen? Das würde uns MitarbeiterInnen freuen und den Kontakt mit den Kindern intensivieren."

4. Über Enttäuschungen reden

Ich darf meine Enttäuschung benennen, es sind meine Gefühle.
ICH-Botschaften sind dabei hilfreich.
Der Grund für die Enttäuschung kann bei mir liegen:
Ich habe meine Erwartung gar nicht ausgesprochen.
Ich hatte überzogene Erwartungen.
Ich habe nicht deutlich ausgesprochen, was meine Erwartung beinhaltet,
z.B.: „Ich erwarte, dass ihr euch beteiligt an Familiengottesdiensten!".
Undeutlich bleibt: Was heißt „beteiligen" – woran, wann, wie und wie oft?

Der Grund für meine enttäuschten Erwartungen kann auch bei meinem Gegenüber liegen (nicht eingehaltene klare Absprache). Die Enttäuschung sollte dann ausgesprochen werden. Das ermöglicht Klärung: „Ich fand schade, dass Sie uns zur Planung des Gemeindefestes nicht eingeladen haben. Wir würden uns gern beteiligen.".

M2 – Übung: Wie ich eigene Erwartungen formuliere

Die Teilnehmenden arbeiten mit der folgenden Aufgabenstellung (s.u.) unter Verwendung der Materialien
▸ M 1 „Mit eigenen Erwartungen umgehen"
▸ M 3 „Kommunikationsregeln"

Partnerarbeit

Möglichst je ein/e VertreterIn der Kita und ein/e VertreterIn aus der Gemeinde finden sich als Paar.
Eine Person A äußert ihre Erwartungen an Person B und wählt dazu ein Beispiel (siehe Runde 1) aus.

Runde 1:

„Sie könnten öfter vorbeischauen!"
„Es könnten ruhig mehr Mitarbeitende aus der Kita teilnehmen!"
„Ich habe noch nie Ihr Interesse bemerkt!"
„Sie haben doch davon Ahnung!"
„Wenn Sie schon eine evangelische Kita sind, dann kann ich doch wohl erwarten,
dass Familien aus der Kita auch zum Gottesdienst kommen!"
„Uns hat keiner Bescheid gesagt!"

Dann folgt Runde 2:

Person A formuliert den zuerst genannten Satz nach den Punkten **M1** um. Person B äußert sich: Was habe ich gehört? Was löst das bei mir als Zuhörer aus? Kurze Rückmeldung. Wechsel der Rollen. Jetzt formuliert Person B einen Satz um. Person A äußert sich: Was habe ich gehört? Was löst das bei mir als Zuhörer aus? Kurze Rückmeldung.

Vgl. I, Wernecke, Universitätsklinik Freiburg, nach R. Cohn

M3 – Kommunikationsregeln

▸ **Zuhören und Ausreden lassen**
  Die Standpunkte der anderen respektieren.
  Der andere hat ein Recht auf seine eigene Meinung.
▸ **Nachfragen**
  Fragen Sie nach, wenn Sie etwas nicht verstehen.
  Vergewissern Sie sich, ob Sie den anderen richtig verstanden haben.
  Wiederholen Sie mit eigenen Worten, was Sie verstanden haben.
▸ **Den anderen direkt ansprechen**
  Sprechen Sie Ihr Gegenüber mit Namen an, mit Augenkontakt.
▸ **Jede/jeder spricht für sich.**
  Verstecken Sie sich nicht hinter „man" oder „wir". Sprechen Sie von sich in der „Ich-Form".
  Übernehmen Sie die Verantwortung für sich selbst, aber nicht für die Ziele anderer.
▸ **Störfaktoren ansprechen**
  Wenn es Dinge gibt, die Sie beeinträchtigen oder hindern zuzuhören,
  sprechen Sie dies an und klären Sie es.
▸ **Vermeiden Sie es, andere kritisch zu beurteilen**
  Sprechen Sie in Form von Ich-Botschaften. Sagen Sie, wie es Ihnen geht und was Sie wollen,
  statt anzuklagen und zu bewerten.
▸ **Um Rückmeldung bitten**
  Vergewissern Sie sich, ob Sie so verstanden worden sind, wie Sie es gemeint haben.

Der begonnene Input wird fortgesetzt. Jetzt steht der Umgang mit fremden Erwartungen im Fokus, dem ein Erfahrungsaustausch folgt.

M4 – Mit fremden Erwartungen umgehen

1. Die Erwartungen des Gegenübers erfragen

Wenn mein Gegenüber die Erwartungen nicht ausspricht, sollte ich die Erwartungen erfragen. Das vermeidet Missverständnisse (ich vermute, was er/sie erwartet und reagiere auf ein nicht vorhandenes Bedürfnis oder unterlasse, was der Erwartung entsprochen hätte.)

2. Erwartungen, die ich nicht erfüllen kann/will

Darf mein Gegenüber hohe Erwartungen an mich haben? Ja, jeder hat ein Recht auf seine eigenen Erwartungen, aber ich bin nicht verpflichtet, sie zu erfüllen.
Ich muss nicht deshalb wütend sein, weil es überzogene Erwartungen an mich gibt.

3. Möglichkeiten des konstruktiven Umgangs mit (zu) hohen Erwartungen:

▸ Ich kläre für mich, ob ich der Erwartung entsprechen kann und ob sie meinen Aufgaben entsprechen.
▸ Wenn ich diese Erwartung nicht erfüllen kann oder will, suche ich das Gespräch.
▸ Wir suchen einen Kompromiss, der die Erwartungen von mir und meinem Gegenüber unter einen Hut bringt.

Herausforderungen und Chancen:

Bei der Übung **M2** erleben die Teilnehmenden die Wirkung von einerseits unreflektiert und andererseits überlegt ausgedrückten Erwartungen. Sie erleben den emotionalen Unterschied zwischen Runde 1 und 2. Das kann zu einer sensibleren Kommunikation führen.

Vorbereitung und Materialien:

▸ Überschriften zum Thema „Erwartungen" groß auf A 4 Blätter
▸ Handout der Materialien **M1** bis **M4**

Weiterführung:

Umgang mit destruktiven Äußerungen, Umgang mit Kritik

Praxisbaustein VI

Schatz einer evangelischen Ausrichtung – „Worldcafé"

Themen, die mit dieser Methode diskutiert und bearbeitet werden können:

Evangelische Ausrichtung der Arbeit, Motivation zur evangelischen Profilentwicklung

Intention/Ziel:

- Sensibilität für die evangelische Ausrichtung der Kita entwickeln
- Austausch über das, was als wertvoll an der evangelischen Ausrichtung erlebt wird
- zur Weiterarbeit an einer Profilentwicklung motivieren

Zielgruppe(n) und Teilnehmerzahl:

Mitarbeitende der Kita und der Kirchengemeinde, auch Teilnehmende, die den beiden Systemen nicht angehören, können den Prozess bereichern
mindestens 15 Teilnehmende

Zeitbedarf:

ca. 100 Minuten

Beschreibung und Ablauf:

Der Raum ist einladend in Café-Haus- Atmosphäre gestaltet.
Die Teilnehmenden finden sich im Raum verteilt an Tischen mit vier bis acht Personen zusammen. Die Tische sind mit weißen, beschreibbaren Papiertischdecken und Stiften bzw. Markern belegt. Ein Moderator führt in die Arbeitsweise ein und erläutert den Ablauf und weist auf die Verhaltensregeln, die „Café-Etikette" hin:

- Lenken Sie Ihren Fokus auf das, was Ihnen wichtig ist.
- Tragen Sie eigene Ansichten und Sichtweisen bei.
- Sprechen und hören Sie mit Herz und Verstand.
- Hören Sie genau hin, um wirklich zu verstehen.
- Verbinden Sie Ihre Ideen miteinander.
- Richten Sie Ihre Aufmerksamkeit auf neue Erkenntnisse und tiefergehende Fragen.
- Spielen, kritzeln und malen Sie – auf die Tischdecke zu schreiben ist ausdrücklich erwünscht!
- Haben Sie Spaß!

Im Verlauf werden drei unterschiedliche Fragen in aufeinander folgenden Gesprächsrunden von ca. 20 bis 25 Minuten an allen Tischen bearbeitet. Ein Signal läutet jeweils die Schlussphase der Gesprächsrunde ein, ein weiteres Signal fordert zum Wechsel der Tische auf, so dass sich nach jeder Gesprächsrunde die Gruppen neu mischen. Nur die Gastgeber bleiben die ganze Zeit über an einem Tisch: Sie begrüßen neue Gäste, fassen kurz das vorhergehende Gespräch zusammen und bringen den Diskurs erneut in Gang. Am Ende der letzten Gesprächsrunde halten die Tischgenossen ihre wichtigsten Ergebnisse auf Moderationskarten fest. Diese Ergebnisse werden dann im Plenum eingebracht.

Vorgeschlagene Fragestellungen für die einzelnen Gesprächsrunden:

- Was bedeutet es für mich, in einer evangelischen Kita zu arbeiten (Freud und Leid) und warum trage ich/leite ich eine evangelische Kita (mit)?
- Was entdecke ich in meiner Kita, das für mich typisch evangelisch ist (positiv und negativ)?
- Welche Schätze kann ich im „typisch Evangelischen" finden?

Herausforderungen und Chancen:

In einer entspannten Atmosphäre wird in mehreren Gesprächsrunden ein Prozess in Gang gesetzt, der vom gegenseitigen Austausch profitiert. Erfahrungen werden eingebracht, gemeinsames Weiterdenken ermöglicht, neue Erkenntnisse gewonnen.
Die Wahrnehmung wird darauf gelenkt, was an einer evangelischen Ausrichtung als wertvoll erlebt wird. Dies motiviert zur Weiterarbeit.

Vorbereitung und Materialien:
- Konkrete Fragestellungen für das Worldcafé durchdenken
- Papiertischdecken und Stifte für die Tische
- angenehme Atmosphäre durch Bewirtung und Raumgestaltung
- Moderationskarten zur zusätzlichen Ergebnissicherung

Weiterführung:
- weiterführender Vortrag zur Profilentwicklung
- Weiterarbeit an einem evangelischen Profil (s. Seite 29)
- Praxisbaustein IX „Ja genau, und …" zur Aufgabenstellung: „Anhand welcher konkreten Aspekte soll erkennbar sein/ist erkennbar, dass meine Kita eine evangelische Einrichtung ist?"
- Gestaltung eines Plakats, in dem die evangelische Ausrichtung deutlich wird
- Formulierung eines Satzes, der in einer Konzeption stehen könnte
- Überprüfung einzelner Aspekte der eigenen evangelischen Schwerpunktsetzung in der alltäglichen Praxis

Foto: Lupo_pixelio.de

Praxisbaustein VII

Wertschätzende Kommunikation – „Schreibgespräch"

Themen, die mit dieser Methode diskutiert und bearbeitet werden können:
Grundfragen gelingender Kommunikation können miteinander angedacht werden, „typische Situationen" können in den Blick genommen werden

Intention/Ziel:
- Sensibilität für die Situation von Kita/Kirchengemeinde gewinnen
- Perspektivwechsel vollziehen
- Kommunikationswege verbessern

Zielgruppe(n) und Teilnehmerzahl:
Mitarbeitende der Kita und der Kirchengemeinde
bei entsprechenden Räumen ab 8 bis 40 Personen

Zeitbedarf:
ca. 60 Minuten

Beschreibung und Ablauf:

Einstieg mit einem Fallbeispiel:
Die Pfarrerin plant gemeinsam mit der Kita einen Gottesdienst. Einige Einzelheiten möchte die Pfarrerin noch mit der Leiterin der Kita klären. Nachdem ein Termin der Pfarrerin kürzer war als erwartet, kommt sie spontan in der Kita vorbei, gerät in die Gruppe der Leitung hinein und sagt: „Frau …, ich müsste schnell noch mit Ihnen besprechen, …"
Die Leiterin stutzt einen Moment und antwortet dann: „Frau …, das ist jetzt gerade ganz schlecht."

Es folgt eine erste Kurzreflexion im Plenum im Blick auf die Wahrnehmung der jeweiligen Interessen.

Vertiefung durch ein Schreibgespräch und Perspektivwechsel:
In zwei voneinander getrennten Gruppen bearbeiten Mitarbeitende der Kita und Mitarbeitende der Kirchengemeinde in Form eines stillen Gesprächs folgende Plakate:

- Was gehört für mich dazu, wahrgenommen, in meiner Person und Funktion geachtet zu sein?
- Was hindert mich daran, gegenüber Kita/Träger-Kirchengemeinde mein Interesse/meine Aufmerksamkeit zu zeigen?
- Was ist hilfreich, um die Kommunikation, Wahrnehmung der Interessen des/der anderen zu fördern?

Die Gruppen wechseln die Seiten, lesen die Statements der anderen Gruppe und jede Person kann bis zu zwei grüne Klebepunkte pro Plakat aufkleben, um zu zeigen, dass ihr das besonders einleuchtet und einen roten Klebepunkt aufkleben, hinsichtlich dessen, was sie nicht versteht.

Reflexion:
Im Plenum werden Beobachtungen ausgetauscht und erste Konsequenzen gezogen.

Herausforderungen und Chancen:

Die Chance dieser Methode besteht darin, dass alle Mitarbeitenden gefordert sind, den anderen in seiner Situation und seinen Interessen wahrzunehmen, Verständnis füreinander zu gewinnen und ein Bewusstsein dafür zu entwickeln, wie Kommunikation leichter gelingen kann. Meist werden als Grundlagen gelingender Kommunikation erkannt:

► Basis für gelingende Zusammenarbeit ist, den anderen in seiner Situation, seinen Interessen, seinen Kompetenzen wahrzunehmen und zu achten.
► Im beruflichen Alltag braucht es dazu Zeit, Einfühlungsvermögen, Interesse und institutionalisierte Abläufe.
► Es ist hilfreich, gegenseitige Erwartungen bewusst zu machen, Konflikte nicht aufzuschieben, sondern zu bearbeiten, sinnvolle Kommunikationswege zu erarbeiten, ...

Vorbereitung und Materialien:

► jeweils drei vorbereitete Plakate
► Moderationsstifte
► Klebepunkte (grün und rot)

Weiterführung:

Gruppenarbeit: Kommunikationswege aufzeichnen, um sie gestalten zu können

Praxisbaustein VIII

Mein nächster Schritt – unser nächster Schritt

Foto: S. Hofschlaeger_pixelio.de

Themen, die mit dieser Methode diskutiert und bearbeitet werden können:

Reflexion und Stärkung der Zusammenarbeit

Intention/Ziel:

► konkrete Schritte auf dem gemeinsamen Weg der Zusammenarbeit angehen

Zielgruppe(n) und Teilnehmerzahl:

Mitarbeitende der Kita und der Kirchengemeinde am besten jeweils als Tandem/Gruppe der gleichen Kirchengemeinde
Teilnehmerzahl beliebig

Zeitbedarf:

ca. 30 Minuten

Beschreibung und Ablauf:

Die Einheit beginnt mit einer Einzelarbeit anhand von Reflexions- und Impulsfragen:

► „Auf welchen (guten) Erfahrungen können wir aufbauen?"
► „Welche Wertschätzung möchte ich zeigen/wünsche ich mir für mich?"
► „Ist mir bewusst, was zurzeit in der Kita/in der Kirchengemeinde wichtige Themen sind?"
► „Wissen Eltern über unterschiedliche Angebote von Kita und Kirchengemeinde Bescheid?"
► „Was sind für mich wichtige Ziele, die ich angehen möchte?"
► „Wie können wir unterschiedliche Kompetenzen gut nutzen?"
► „Welche Aufgaben sehe ich in der Zusammenarbeit als meine Aufgaben an?"
► „Welche institutionalisierten Treffen sind hilfreich/welche bräuchte ich?"
► ...

Findet eine Einzelarbeit statt, werden die wichtigsten Fragestellungen markiert und einzelne Stichpunkte zu Reflexionsfragen notiert. Danach wird ein Aspekt besonders in den Blick genommen und ein wichtiger Schritt auf diesem Weg formuliert. In der Tandem- bzw. Gruppenarbeit werden die Ergebnisse der Einzelarbeit vertieft und weitergeführt. Die Tandems/Gruppen einer Kirchengemeinde stellen sich gegenseitig ihr Hauptanliegen und ihren ersten Schritt vor. Gemeinsam werden zu jedem Schritt ein bis drei ganz konkrete gegenseitige Absprachen getroffen.

Herausforderungen und Chancen:

Diese Methode eignet sich gegen Ende eines gemeinsamen Begegnungstages. Sie konzentriert Ergebnisse und bietet eine Handlungsperspektive.

Die Herausforderung dieser Methode besteht darin, dass alle Mitarbeitenden gefordert sind, sich auf einen wichtigen Aspekt und einen ersten Schritt zu beschränken. Darin liegt allerdings auch die Chance, nicht an allen Stellen gleichzeitig zu handeln und sich nicht zu überfordern. Konkrete Absprachen sind eine Hilfe, damit es nicht bei bloßen Willensbekundungen bleibt.

Vorbereitung und Materialien:

- ► Zusammenstellung von Reflexionsfragen
- ► Arbeitsblatt:
  - Mein Hauptanliegen
  - Mein erster Schritt
  - Unsere konkreten Absprachen

Weiterführung:

Verabredung zu einem nächsten Treffen, an dem gezeigt wird, was aus den Vereinbarungen entstanden ist – gegebenenfalls Planung eines nächsten Schrittes.

Wo will ich hin in der Kooperation von Kita und Kirchengemeinde?

Praxisbaustein IX

Ziele und Visionen – „Ja genau, und …"

Themen, die mit dieser Methode diskutiert und bearbeitet werden können:

Ziele und Visionen der Zusammenarbeit von Kita und Kirchengemeinde, Verständigung bei unterschiedlichen Interessen

Intention/Ziel:

- ► wertschätzend auf unterschiedliche Zielsetzungen von Mitarbeitenden aus Kita und Kirchengemeinde eingehen
- ► sich gemeinsam auf Schwerpunkte verständigen

Zielgruppe(n) und Teilnehmerzahl:

Mitarbeitende der Kita und der Kirchengemeinde
ca. 20 Personen

Zeitbedarf:

ca. 45 Minuten

Beschreibung und Ablauf:

Zunächst schreibt jede Person in einem Satz auf, was sie durch die Zusammenarbeit von Kita und Kirchengemeinde erreichen möchte.

Danach werden Zufallsgruppen von ca. 4 Personen gebildet. (Es ist gut, wenn sich dabei Mitarbeitende von Kita und Kirchengemeinde mischen.)

Eine Person beginnt mit ihrem Satz. Reihum führen die anderen Gruppenmitglieder diesen Satz wertschätzend weiter, indem sie mit den Worten „Ja genau, und" beginnen, inhaltlich am Satz der Vorgängerin anknüpfen und vertiefen, weiterführen, ergänzen. (Dabei spielen die aufgeschriebenen Sätze der anderen Gruppenmitglieder keine Rolle.) Die Gruppe hat gut gearbeitet, wenn sich die erste Person verstanden fühlt und weitere Gedankenanstöße gewinnen konnte. Diese Übung wiederholt sich, bis jede Person Ihren Satz vorgestellt hat und ihr Anliegen in der Gruppe mit „Ja genau, und" weitergeführt wurde.

Zwischenreflexion:

„Ja genau, und" ist eine Formulierung, die wir meist nicht gewohnt sind. Schneller kommt uns ein „Ja, aber" über die Lippen. Oft ist gerade deshalb das „Ja genau, und" sehr beflügelnd. Konnten Sie sich auf dieses „Ja genau, und" leicht einlassen? Konnten Sie durch das „Ja genau, und" eine gute Perspektive einnehmen? Manchmal braucht es dennoch das „Ja, aber" oder sogar „Nein, weil" – es ist allerdings wichtig, zunächst das „Ja genau, und" zu erproben, um wirklich nach dem Wertvollen zu fragen, das in der Aussage der anderen liegt. Durch die Übung „ Ja genau, und" wird die Perspektive geweitet. Es ist gut, sich auf Wesentliches zu verständigen. Deshalb werden nun die Gruppen aufgefordert, sich auf ein Schwerpunktziel zu verständigen und höchstens zwei weitere Aspekte zu diesem Ziel zu formulieren.

Herausforderungen und Chancen:

„Ja genau, und" ist eine Herausforderung, wenn wirklich gegensätzliche Ziele aufeinandertreffen. Dennoch bietet es die Chance, zunächst hinzuhören, die eigene Meinung zurückzustellen und wertschätzend mit den Interessen des anderen umzugehen.
Die spätere Verständigung auf ein gemeinsames Anliegen wird so vorbereitet. Je intensiver und heftiger bei unterschiedlichen Interessen diskutiert wird, desto wichtiger sind den Einzelnen ihre Anliegen.

Vorbereitung und Materialien:

Moderationskarten und dicke Stifte

Weiterführung:

1. Reflexion der Ziele im Blick auf die Aufgaben der Kirchengemeinde/bzw. Aufgaben der Kita:

   Vergleiche zu den Aufgaben der Kirchengemeinde die Grundvollzüge der Gemeinde und zur Aufgabe der evangelischen Kita den staatlichen Bildungs-, Erziehungs- und Betreuungsauftrag als familienergänzende und familienunterstützende Einrichtung und den kirchlichen Bildungsauftrag.

2. Reflexion der Ziele im Blick auf die Interessen der Beteiligten:

   ▸ Kirchengemeinde und Träger der Kita   ▸ unterschiedliche Kinder
   ▸ Kita-Team   ▸ unterschiedliche Eltern

   Die Kooperation findet im Zusammenspiel wie im Spannungsfeld statt zwischen:

   ▸ meinem Hauptanliegen und unterschiedlichen Interessen
   ▸ Aufgaben der Kirchengemeinde und Aufgaben der Kindertageseinrichtung
   ▸ impliziter und expliziter Religionspädagogik
   ▸ christlicher Erziehung und interreligiöser Bildung
   ▸ unterschiedlichen Bedürfnissen unterschiedlicher Kinder
   ▸ unterschiedlichen Erwartungen von unterschiedlichen Eltern und Großeltern …
   ▸ ehren- und hauptamtlichen Mitarbeitenden in Kita und Gemeinde …

3. Einen Satz erarbeiten zu diesem Schwerpunkt/Aspekt wie er in einer Konzeption/Homepage/ Kirchenbote stehen könnte – kann auch ersetzt/ergänzt werden durch ein Bild oder Symbol.

Praxisbaustein X

Ideenpool – „Blütenwandern"

Themen, die mit dieser Methode diskutiert und bearbeitet werden können:

Zukünftige Kooperation bedenken und planen

Intention/Ziel:

▸ Kooperationsmöglichkeiten erweitern
▸ Herausforderungen und Chancen dieser Möglichkeiten bedenken

Zielgruppe(n) und Teilnehmerzahl:

Mitarbeitende der Kita und der Kirchengemeinde, auch Teilnehmende,
die den beiden Systemen nicht angehören
ab 8 Personen

Zeitbedarf

ca. 60 Minuten

Beschreibung und Ablauf:

Die Anwesenden haben die Gelegenheit, Ideen zu sammeln und zu überdenken, die die Kooperation von Kita und Kirchengemeinde in ihrem Kontext forcieren und bereichern.

Dazu legt man auf Tischen Blüten aus, auf die Ideen notiert sind (Beispiele für „Blüten" siehe **M1**). Es gibt auch unbeschriebene Blüten, die ausgelegt und auf die neue Ideen eingetragen werden können, die sich im Laufe des Prozesses ergeben.

Nun wandern die Teilnehmenden von Blüte zu Blüte und nehmen die bereits aufgeführten Ideen zur Kenntnis. Jede Blüte kann vervollständigt werden durch Blätter (grün). Die Teilnehmenden können auf diese grünen Blätter ihre Gedanken zu den Ideen ergänzen und tragen ein, zum einen, welche Chance diese Idee hat und dazu beiträgt, sie gelingen zu lassen und zum anderen, welche Herausforderung diese Idee aufwirft. Die Blätter werden gleich an die Ideenblüte geklebt, so dass große Blüten entstehen.

Die Blüten werden in ihrer neuen Form vorgestellt und bilden die Basis für ein Gespräch. Möglich ist auch, dass sie zu einem anderen Termin als Handout vorliegen. In Kleingruppen werden jeweils ein oder zwei Blüten ausgesucht und darüber beraten, wie die Vorschläge umgesetzt werden können, welche Schritte nötig sind und wer gebraucht wird, diese Ideen umzusetzen.

Herausforderungen und Chancen:

Die Chance dieser Methode besteht darin, dass alle Mitarbeitenden gefordert sind, die Ideen einzuschätzen und zu überlegen, ob sie praktikabel und in welcher Weise umsetzbar sind.

Vorbereitung und Materialien:

- ► farbige Blüten, auf die Ideen zur Kooperation notiert werden
- ► grüne Blätter
- ► Kleber

Weiterführung:

- ► Verabredung zu einem nächsten Treffen, an dem gezeigt wird, was aus den Ideen und ihrer Umsetzung entstanden ist.
- ► Praxisbaustein VIII und IX

M1 – Beispiele für „Blüten":

- ► Vertrauensperson benennen, welche die Kommunikation zwischen Kita und Kirchengemeinde fördert und pflegt
- ► seelsorgerliche Begleitung für die Mitarbeitenden einer Kita anbieten
- ► Erzieherteam spirituell begleiten (Oasentag)
- ► feste Termine für ein ganzes Kitajahr festlegen
- ► Angebote für Eltern von Kita und Kirchengemeinde gemeinsam verantworten
- ► Mitarbeitende der Kirchengemeinde gestalten einen thematischen Elternabend
- ► „Information Religion" – Erwachsenenbildungsangebot für Eltern
- ► Kita und Kirchengemeinde tauschen Material aus
- ► Taufvorbereitung in gemeinsamer Verantwortung mit einer ErzieherIn
- ► Begrüßung, Vorstellung und Segnung einer neuen LeiterIn/ErzieherIn der Kita im Gemeindegottesdienst
- ► Verabschiedung und Segnung für den weiteren Lebensweg
- ► Öffentlichkeitsarbeit – gegenseitig werben für Veranstaltungen und Angebote

Praxisbaustein XI

Oasentage für Mitarbeitende

Themen, die mit dieser Methode diskutiert und bearbeitet werden können:

Spiritualität und Kraftquellen der Mitarbeitenden,
Wertschätzung der Mitarbeitenden, Salutogenese

Intention/Ziel:

- Kraft schöpfen für den pädagogischen Alltag als Beitrag zur Gesundheitsfürsorge durch den achtsamen Umgang mit sich selbst
- das eigene Wohlbefinden stärken
- Freude daran haben, Leben und Glauben in Beziehung zu setzen und eigene Wurzeln des Glaubens bewusst wahrzunehmen
- erfahren, dass wir unsere Kraft nicht aus uns selbst heraus schöpfen müssen, sondern dass wir aus Gottes Liebe, aus seiner guten Kraft, mit seinem Segen leben

Zielgruppe(n):

Mitarbeitende in Kitas

Beschreibung und Ablauf:

Der Oasentag wird von der Kirchengemeinde für die Mitarbeitenden ihrer Kita gestaltet. Ein „Oasentag" lädt zu einer Auszeit ein, zu einem Ort, an dem die pädagogisch Mitarbeitenden willkommen und wertgeschätzt sind, ohne dafür selbst etwas tun zu müssen. Er bietet ihnen die Möglichkeit, in Ruhe dem nachzuspüren, was sie trägt und ihnen Kraft gibt. Schön ist es, wenn die Mitarbeiterinnen und Mitarbeiter den „Oasentag" so erleben können, dass sie darin etwas von Gottes Zuwendung erfahren.

Ein „Oasentag" kann ein „Dankeschön" des Trägers für sein Team der Kindertageseinrichtung sein, er kann ebenso ein einrichtungsübergreifender Impulstag für interessierte Mitarbeitende sein.

Von großer (oft unterschätzter) Bedeutung für einen „Oasentag" ist eine liebevolle Raumgestaltung und Bewirtung. Sie macht spürbar deutlich, dass die Teilnehmenden willkommen sind. Sie erfahren: Es ist für Leib und Seele gesorgt. Der Tag ist ein Geschenk. Wir brauchen selbst nichts vorbereiten.

In diesem Rahmen führt der geistliche Impuls in die Achtsamkeit. Hier ist der Ort, an dem wir uns der Zuwendung Gottes vergewissern. Als ein Tag des Zur-Ruhe-Kommens, der Besinnung, der Gemeinschaft, der Feier und Stärkung wird der Tag unter den Segen Gottes gestellt. Im Licht der Liebe Gottes gelingt es, zu sich selbst zu finden und die Gemeinschaft untereinander als Bereicherung zu erfahren.

Entgegen der Hektik eines vollen Alltags bietet der „Oasentag" Zeit. Das Programm eines „Oasentages" will Freiräume eröffnen und soll nicht als zu voll erlebt werden. So ist es manchmal sinnvoll, auf den einen oder anderen Programmpunkt zu verzichten, um den Interessen der Teilnehmenden nachzukommen. Einander im Austausch zu stärken, Gemeinschaft zu erleben, eigene Kraftquellen zu entdecken und zu teilen sind wichtige Schwerpunkte, die im Alltag meist zu wenig Platz haben. Umso notwendiger ist es, hier eine gute Auswahl zu treffen, die unterschiedliche Bedürfnisse berücksichtigt. So bleibt genügend Zeit für den Blick auf wertvolle Erfahrungen, für das Aufnehmen von Gedankenanstößen, fürs Träumen und für neue Perspektiven. Im eigenen Erleben und im Austausch werden neue Kraftquellen erschlossen und alte Kraftquellen wiederentdeckt.

Gestärkt geht es dann zurück in den Alltag. Und doch bleibt nicht alles beim Alten: Der Alltag erscheint in einem anderen Licht.

Exemplarischer Ablauf eines Oasentages:

▸ Ankommen und willkommen sein
▸ Geistlicher Impuls – den Tag unter den Segen Gottes stellen
▸ „Stärkende Momente unserer Arbeit – einander im Austausch bereichern"
▸ Gemeinschaft erfahren (mögliche Angebote):
  • Kirchenraum erleben
  • meditativ tanzen
  • Klang erleben – die Stimme erheben
  • miteinander kreativ sein - gemeinsame Kunstwerke erstellen
  • gemeinsames Essen
▸ eigene Kraftquellen entdecken und teilen (mögliche Angebote):
  • Natur erleben – einander Wertvolles zeigen
  • Achtsamkeit üben (achtsam denken, achtsam reden, achtsam handeln ...)
  • Lieblingsgeschichten in der Bibel teilen
  • eigene Kreativität erfahren (töpfern, malen, musizieren ...)
▸ Austausch und Ausblick: „Meine Oasen im Alltag"
▸ Impulse des Tages mitnehmen
▸ weitergehen: Lied (z. B.: „Bewahre uns Gott") und Segen

Herausforderungen und Chancen:

Chance und Herausforderung zugleich ist, dass der Oasentag für die Mitarbeitenden so vorbereitet ist, dass sie auf unterschiedliche Weise Wertschätzung erfahren, ihre eigene Spiritualität entdecken und Stärkung für den Alltag erfahren.
Die inhaltliche Schwerpunktsetzung kann unterschiedlich gefüllt sein.

Vorbereitung und Materialien:

▸ Raumgestaltung
▸ Bewirtung
▸ geistliche Impulse
▸ unterschiedliche Materialien für unterschiedliche Angebote

Weiterführung:

„Oasentage" werden in der Praxis in längeren Abständen stattfinden. Umso wichtiger ist es, Gedanken und Anregungen von „Oasentagen" mit in den Alltag zu nehmen.
Hilfreich ist es, dazu Raum für „Mini-Oasen" im Alltag, im Teamgespräch oder auf Konferenzen zu geben. Ein kurzer spiritueller Impuls, ein Raum/eine Zeit der Stille, ein gemeinsames Lied, ein Austausch als stärkende Erfahrung – all das trägt dazu bei, die Achtsamkeit für sich und füreinander zu bewahren.
Einstimmen, die eigene Stimme erheben, dem gemeinschaftlichen auch mehrstimmigen Klang lauschen als eine stärkende Erfahrung - dazu ermutigen „Oasentage" wie „Mini-Oasen" im Alltag.

„Mini-Oasen":

▸ Gemeinsames Lied oder Kanon
▸ Austausch: „Was stärkt mich? Was möchte ich nicht vermissen?"
▸ Kurzer Gedanken-Anstoß (Gedicht, Text, ...)
▸ Rückzugsorte für Mitarbeitende
▸ Körperarbeit (Sensibilisierung für die eigene seelische und körperliche Gesundheit)
▸ „Erlaubnissätze" formulieren
▸ Tagesernte: „Was ist gelungen? Was will ich weiterentwickeln?"
▸ ...

Evangelisches Profil gemeinsam entwickeln Eine Aufgabe von Träger und evangelischer Kita

Foto: Luise_pixelio.de

Mit einem evangelischen Profil ist in der Regel auch die Zusammenarbeit mit der Kirchengemeinde im Blick. Dabei kommt es darauf an, dass ein gemeinsamer Verständigungsprozess
stattfindet, woran die evangelische Ausrichtung einer Kita erkennbar wird und welche Rolle
die Kirchengemeinde dabei spielen soll.
Einige Aspekte eines evangelischen Profils werden im Folgenden beleuchtet.

„Jedes Kind ist ein Wunderwerk Gottes und verdient unsere ungeteilte Aufmerksamkeit" [1]

Ein evangelisches Profil einer evangelischen Kindertagesstätte zeigt sich nicht nur durch explizite Religionspädagogik und geplante religionspädagogische Angebote, sondern besonders
durch den alltäglichen Umgang untereinander: im Team, mit dem Träger, mit den Eltern und vor
allem gegenüber den Kindern.
Es geht um den „Gott der Liebe", darum, dass die Kinder wahrgenommen und wertgeschätzt
werden, wie sie sind – aber auch, dass Mitarbeitende, Eltern, Trägervertreter etc. Wertschätzung erfahren. Mit ihrer Aussage trifft Heidi Schülke, was viele Träger und ErzieherInnen als
typisch evangelischen Schatz in ihrer Kita beschreiben: Den Schatz des wertschätzenden Umgangs mit Kindern und Familien, des Vertrauens und der Zusammenarbeit auf Augenhöhe.
Dennoch ist zu fragen, ob andere nicht auch so handeln, ob ein sichtbares evangelisches Profil
nicht klarer sein müsste, explizite Formen braucht.
So formulierte der Rat der EKD 2004:
*„Dabei ist das besondere Profil evangelischer Tageseinrichtungen Kinder zu würdigen und zu
stärken. In den evangelischen Einrichtungen für Kinder werden biblische Geschichten erzählt,
fröhliche Lieder gesungen, stärkende Gebete gesprochen und festliche Gottesdienste gefeiert.
Zum Glauben an Gott wird ebenso ermutigt wie zur Rücksichtnahme auf den Nächsten. Kinder erleben – oft in der Nachbarschaft anderer kultureller Kontexte – evangelisches Christsein als Hilfe
zum Leben; sie begegnen im Glaubenszeugnis der christlichen Gemeinde dem Gott, der Große
und Kleine liebt, der Schwache stärkt und Starke in die Schranken weist, weil er Gerechtigkeit
und Frieden will."* [2]
Hier mischt sich klare explizite Religionspädagogik mit einer Schwerpunktsetzung dessen, was
als kennzeichnend für evangelischen Glauben angesehen wird. Dabei spielt die persönliche
Überzeugung und die gesellschaftliche Situation, in die hinein gesprochen wird, eine Rolle. Ein
evangelisches Profil scheint also durchaus auch etwas Subjektives zu sein. Dadurch wird es
erst authentisch.

1 *Heidi Schülke, Präsidentin der
Landessynode der Ev. Luth. Kirche in
Bayern von 2002–2008,
zitiert aus dem Vorwort zu: Frieder
Harz „Bildung in evanglischer
Verantwortung: Profilentwicklung in
Kindertageseinrichtungen",
Nürnberg 2007*

2 *aus der 2004 veröffentlichten
Erklärung des Rates der EKD
„Wo Glaube wächst
und Leben sich entfaltet".*

In der Folgezeit hat die EKD darauf verzichtet, das evangelische Profil in Kitas zu benennen – zu Recht, denn das evangelische Profil gibt es nicht. In der Evangelischen Kirche ist nicht vorgegeben: „So oder so muss euer evangelisches Profil aussehen." Die Frage nach dem evangelischen Profil ist also eine typisch evangelische Fragestellung einer Profilentwicklung, einer Schwerpunktsetzung in christlicher Freiheit, die sich immer wieder verändern wird und verändern muss. Das Anliegen, ein evangelisches Profil zu beschreiben, bleibt unverzichtbar. Mag es angestoßen sein dadurch, dass es gut ist, wenn evangelische Feiertage ins Bewusstsein rücken (z.B. Buß- und Bettag, Reformationsfest) oder dass Bräuche und gesellschaftliche Konventionen kritisch hinterfragt werden müssen.

Hinter dem Anliegen eines evangelischen Profils steckt, dass unsere Kitas erkennbar sein sollen als evangelische Kitas. Es steht die Überzeugung dahinter, dass die Zugehörigkeit zur evangelischen Kirche etwas Positives und Wertvolles ist, dass es ein „Plus" einer evangelischen Kita gibt, auch wenn ich dieses Plus nicht immer so ausdrücken kann – und vielleicht die Eltern und Kinder noch viel weniger ausdrücken könnten, aber doch wohl wahrnehmen.

Evangelisch selbstbewusst wird dieses Plus nicht deutlich, indem andere abgewertet werden, sondern in der Wertschätzung dessen, was geschieht.

Unterschiedliche auch einander ergänzende Anliegen können sein:

▸ Eintreten für bestimmte (evangelische) Positionen: gesellschaftlich/theologisch
▸ Beheimatung in der evangelischen Kirche
▸ Evangelische/christliche Themen ins Bewusstsein rücken
▸ Zuwendung Gottes soll spürbar werden
▸ Handeln aufgrund des Glaubens

Unverzichtbar ist dabei eine Ausrichtung am biblisch-christlichen Menschenbild, zu dem gehört:

▸ Wertschätzung jeder Person (auch der Erzieherin/der Trägervertreter ...)
▸ das Kind als Subjekt der Bildung
▸ Vielfalt als Chance
▸ Dialog mit anderen Religionen und Weltanschauungen
▸ Ganzheitlichkeit – Kreativität
▸ Beziehungsgeschehen steht im Vordergrund
▸ Lernen aus Konflikten
▸ konstruktiver Umgang mit Fehlern und Schuld

Gestalt gewinnt eine evangelische Ausrichtung in folgenden Aspekten, die in der Konkretion durchaus unterschiedlich aussehen können:

▸ Zusammenarbeit mit der Kirchengemeinde
▸ pädagogische Grundhaltung entsprechend eines christlichen Menschenbildes
▸ Begründung von Werten und Orientierungen auch durch den christlichen Glauben
▸ Engagement für Gerechtigkeit, Frieden und Bewahrung der Schöpfung, lokal und global
▸ Bezug zu christlichen/evangelischen Traditionen (Geschichten, Lieder, Gebete, Rituale ...)
▸ Achten der Religionsfreiheit
▸ gute Dienstgeberschaft, Verantwortung für die Mitarbeitenden
▸ Anforderungen an PädagogInnen im Umgang mit Religiosität und religiöser Bildung

Gerade die Aspekte der pädagogischen Grundhaltung sind rein inhaltlich etwas, was man von jeder guten Kita erwartet. So eine Kita muss dafür nicht kirchlich sein. Es können Kitas anderer Träger sogar besser sein. Zum evangelischen Profil werden diese Inhalte erst dann, wenn spürbar (ausgesprochen oder nicht) wird, dass diese Inhalte aufgrund unseres christlichen/evangelischen Glaubens eine wichtige Bedeutung haben, dass sie auch durch unseren Glauben begründet sind.

Ein evangelisches Profil wird zum eigenen authentischen evangelischen Profil, wenn ich bestimmte Aspekte mit dem verbinden kann, was ich als einen evangelischen Schatz begreifen kann.

„Tue Gutes – und rede darüber"

▸ Die Sichtbarkeit, Erkennbarkeit des evangelischen Profils, hängt daran, dass es gelingt, deutlich zu machen: Diese Inhalte sind wichtig, weil wir eine evangelische Kita sind.
▸ Wir sind wieder bei unseren Schätzen die sich widerspiegeln können:
  • im Menschenbild
  • im Dialog als Stärke der evangelischen Kirche
  • im Leitbild der Kirchengemeinde und der Kita
  • in der Lebendigkeit der christlichen Tradition